Steffen Persiel

Einer geht noch!
Frische, freche Sprüche für Rekommandeure

Steffen Persiel

Einer geht noch!

Frische, freche Sprüche für Rekommandeure

Bibliografische Information Der Deutschen Bibliothek

Die Deutsche Bibliothek verzeichnet diese Publikation in der Deutschen Nationalbibliographie; detaillierte bibliografische Daten sind im Internet über dnb.de abrufbar.

Impressum

Copyright	© 2014 beim Autor
Website	www.kirmessprueche.de
E-Mail	info@kirmessprueche.de
Herstellung und Verlag	BoD – Books on Demand, Norderstedt.

Alle Rechte vorbehalten.

ISBN 978-3-7357-8061-4

Inhaltsverzeichnis

Vorwort	6
Vorbemerkungen	9
Fahrgastmimik richtig interpretieren	10
Sprüche, die zum Mitfahren auffordern	11
Sprüche nach dem Einsteigen	14
Sprüche zur Anfahrt	16
Aufforderungen an die Fahrgäste	18
Themenbezogene Moderationen	20
Sprüche für jede Situation	41
Sprüche für letzte Runden	60

„Mann, seid ihr gierig!",

schallte es mir entgegen, als ich gerade kopfüber im Airwolf auf dem Hamburger Dom hing. Und weil an nahezu jedem Fahrgeschäft mehr oder weniger schlagfertige Rekommandeure arbeiteten, beschloss ich, am nächsten Abend den Dom erneut zu besuchen. Es müsste doch ein Leichtes sein, ein paar Hundert lustiger Jahrmarkt-Sprüche zusammenzutragen und in Buchform zu bringen – quasi als „Kirmes zum Mitnehmen".

Als Schausteller ahnen Sie bereits, was ich als unbedarfter Dombesucher am nächsten Abend erlebte: Die Sprüche an den Fahrgeschäften waren mit denen vom Vortag nahezu identisch. Mit einem solch eingeschränkten Repertoire war natürlich kein Buch vollzukriegen.

Außerdem stellte ich fest, dass einige zu Papier gebrachte Sprüche daraufhin ihre Wirkung verloren. Denn „Jetzt geht's rein in die verrückte Rolle" oder „Gleich die nächste tolle Tour" lesen sich nüchtern und ohne Soundeffekte leider unspektakulärer, als sie auf dem Volksfest klingen.

Um die Idee der „Kirmes zum Mitnehmen" trotzdem zu verwirklichen, füllte ich die leeren Buchseiten selbst mit Inhalt. Nicht jeder dieser Sprüche wird eins zu eins in der Praxis funktionieren. Aber vielleicht dienen sie Ihnen als Anregung, um Ihr Repertoire um eigene, neue Wendungen zu erweitern.

Vielleicht entgegen Sie, dass der typische Volksfest-Besucher die täglich wiederholten Sprüche á la „Auf und nieder, immer wieder" gar nicht bemerkt. Das mag stimmen, dennoch bin ich überzeugt: Gute Rekommandeure bringen mehr Abwechslung auf den Jahrmarkt und mehr Gäste ins Karussell als jede noch so neue Fahrattraktion.

Steffen Persiel
www.kirmessprueche.de

Passend zur Kulisse rekommandieren

Je rasanter das Fahrgeschäft, desto temperamentvoller sollte ein Rekommandeur die Fahrgäste animieren. Und zwar passend zur Geschwindigkeit als auch zur Kulisse des Fahrgeschäfts.

Wer in einen Afterburner von KMG einsteigt, möchte vermutlich nicht zu einem „gemütlichen Rundflug" begrüßt werden, sondern lieber zu einem Parabelflug mit dem Gefühl von Schwerelosigkeit. Hartgesottene freuen sich bestimmt auch auf ein Astronautentraining in der Zentrifuge.

Von Profis gesprochene und mit Soundeffekten veredelte Ansagen aus dem Tonstudio bieten die wohl einfachste Möglichkeit, um Moderationen passgenau zum visuellen Thema des Karussells aufzuzeichnen. Sprüchen vom Band ist allerdings häufig anzuhören, dass jegliche Interaktion mit dem Publikum verlorengeht.

Erste Wahl bleibt daher die persönliche, individuelle Moderation, die sich gleichermaßen an die Fahrgäste als auch an das umstehende Publikum richtet.

Vorbemerkungen

Die auf den nächsten Seiten vorgestellten Sprüche enthalten teilweise Platzhalter mit folgender Bedeutung:

<Name des FG> Name des Fahrgeschäfts. Die Publikumsbezeichnung des Karussells, z.B. „Rocket".

<Ort> Die Stadt, in der das Fahrgeschäft aufgebaut ist.

<Name des VF> Name des Volksfestes, auf dem das Fahrgeschäft gastiert.

Anmerkungen, Handlungshinweise oder alternativ wählbare Wörter sind *kursiv gedruckt*.

Tipp: Wenn Sie anstatt des E-Books die gedruckte Variante dieses Buches gekauft haben, markieren Sie die für Ihr Fahrgeschäft geeigneten Sprüche mit einem Leuchtmarker am Seitenrand. So sind sie schnell wiederzufinden.

Fahrgastmimik richtig interpretieren

Anhand der Gesichtsausdrücke der Fahrgäste lassen sich hervorragend die Intensität und Geschwindigkeit des Fahrgeschäfts steuern. Auf dieser Seite lernen Sie die vier häufigsten Fahrgastmimiken kennen.

Freudige Erwartung

Der Fahrgast macht (noch) große Augen. Erhöhen Sie langsam die Geschwindigkeit. Ähnlich wie beim Frosch, der das kochende Wasser nicht bemerkt.

Idealzustand

Die optimale Fahrgeschwindigkeit ist erreicht. Damit es nicht langweilig wird, muss die Intensität des Fahrgefühls nun entweder stark erhöht oder gemindert werden.

Kribbelndes Kreischen

Diese Phase der Erregung wird häufig von Schreien begleitet und macht den eigentlichen Reiz des Fahrgeschäfts aus. Sollte mehrfach wiederholt werden.

Überanspruchung

Der Fahrgast verschließt die Augen, um visuelle Sinneseindrücke auszublenden. Diese Phase ist für eine bleibende Erinnerung an die Fahrt unerlässlich, sollte jedoch nur wenige Sekunden andauern.

Sprüche, die zum Mitfahren auffordern

Mal wieder dicke Luft zu Hause? Hier einsteigen und das Gegenteil erleben. Dünne Luft in xx Metern Höhe.

So, wir brauchen noch ein paar Mitfahrer, denn geteiltes Leid ist halbes Leid. Also lassen wir noch ein paar zusteigen.

Keine Angst, wir werden dir nicht gleich den Kopf abreißen, wenn du dich hier reinsetzt. – Das passiert erst ab Zündstufe 10.

Kauft euch jetzt ein Ticket. Die Quittung dafür erlebt ihr dann in xx Metern Höhe.

Ihr habt noch kein Ticket? Davon geht die Welt nicht unter. Aber für alle die, die schon ein Ticket haben... ja, da geht sie gleich unter.

Wir legen gleich ab zur nächsten Fahrt. Jetzt noch an Bord kommen bitte. Frauen und Kinder zuerst!

An das umstehende Publikum gerichtet: Kommen Sie ran und staunen Sie. Sowas haben Sie noch nicht gesehen. Das erste Freilichtmuseum mit *torkelnden / drehenden / schreienden* Menschen.

Kommen Sie ran, steigen Sie ein. Hier am Drive In eine Runde Fahrspaß zum Mitnehmen.

Junge Leute zum Mitreisen gesucht. Tickets vorn an der Kasse.

So, bitteschön einsteigen und dabei sein. Und keine Angst, die Eisengitter der Warteschlange sehen zwar aus wie der Gang zum Schlachthof, aber so schlimm wird es nicht.

Geht euer Partner bei jeder Kleinigkeit in die Luft? Dann bitte vorn am Kassenhäuschen anmelden zur Paartherapie. Nur wer hier mitgefahren ist, weiß, was in die Luft gehen wirklich bedeutet.

Wenn's im Ehebett nicht mehr klappt, steigen Sie ein und toben Sie sich aus.

Herrschaften, hier wird die Spaßbremse zum Glühen gebracht. Wir starten gleich in die nächste Runde ... einsteigen bitte, Tickets vorne rechts.

Wer keinen aufbrausenden Partner zu Hause hat, bitte einfach mal hier zusteigen und sich richtig anschreien lassen.

Vor dem Betreten der Anlage bitte das Mindesthaltbarkeitsdatum beachten: Die meisten Fahrgäste halten nur bis zur Hälfte durch.

Wer hier nicht mitfährt muss entweder eine sehr gute Ausrede haben oder ein ärztliches Attest. Alles andere lass' ich nicht gelten.

Sprüche nach dem Einsteigen

Ich fahr schon mal den Wagen vor. Einsteigen und anschnallen bitte.

Und bevor die Bügel gleich geschlossen werden, prüfe, wer sich ewig bindet! Noch ist Zeit für alle Angsthasen, um auszusteigen.

Der Bügel schließt automatisch, und dann werden euch gleich noch die Daumenschrauben angelegt. Soll ja niemand flüchten können aus unserem kleinen Vergnügungsflieger.

Achtung, gleich kommt ihr unter die Haube, die Bügel schließen automatisch.

Könnte jemand für mich eine Packung Milch mitnehmen? Mir fehlt nämlich noch Butter für heute Abend.

Letzte Chance, benutzt nochmal den Labello, bevor ich euch gleich die Lippen aufspritze bei xx km/h.

Muss nochmal jemand zur Toilette? .... Ups, leider zu spät die Hand gehoben. Jetzt heißt es durchhalten! Ab geht's nach oben.

Ich sag euch, mein Chef hat mir hier so ein Sprüchebuch hingelegt. Ey, die sind so schlecht, da werdet ihr schon kotzen bevor ihr die erste Runde gefahren seid.

Wir legen los, letzter Gruß an die Hinterbliebenen.

Sprüche zur Anfahrt

Jetzt setze ich euch mal an die frische Luft.

Wir werden das Kind schon schaukeln, nicht wahr?

Ab auf die Piste! Dann lasst uns mal ein bisschen Schlitten fahren.

Ab geht's im Sauseschritt.

Dann lassen wir die Sau mal aus dem Stall.

So, dann wollen wir mal die Kirschen pflücken. Ab geht's nach oben

Dann wollen wir das Fass mal anstechen, Leute.

Nichts wie weg mit euch.

Sitzt, passt, wackelt und hat vieeeel Luft. Das gefällt euch, oder?

Wir starten wir erstmal langsam an, um eure Portemonnaies rauszuschütteln.

Dann stürzt euch mal kopfüber hinein ins Abenteuer.

Ich bin ja eigentlich noch Fahranfänger. Gang einlegen, Kupplung langsam kommen lassen... Ups, sorry für den ruppigen Start.

Das Leben hat Höhen und Tiefen – gleich dürft ihr beides gleichzeitig genießen.

Aufforderungen an die Fahrgäste

Lasst mal was von euch hören. ... Mensch, ihr pfeift ja aus dem letzten Loch!

Schreit, wenn ihr noch könnt! ... Ja, das nennt man wohl himmelhoch jauchzend.

Ich frag mal das Publikum da vorne: Gibt's einen Frauenversteher unter euch? Ich kann nämlich das Geschrei da oben nicht verstehen. Ich glaube, die wollen mehr, oder? – Wollt ihr mehr?

Ich mach euch mal wieder wach. Ihr seid mir viel zu leise.

Ihr seid ja ein paar Schlaftabletten, wollt ihr nochmal?

Und habt ihr jetzt endlich die Schnauze voll?

Okay, ab geht's! Scheiß egal, ich sitz da eh' nicht drin.

Jaja... getroffene Hunde bellen. Mensch, seid ihr laut!

Die Spatzen pfeifen es schon von den Dächern! ....
Hey, ich höre nichts. Wie schreien die Spatzen?

Und das war das Wort zum Sonntag. Dankeschön.

Versteht ihr Spaß? ... Na dann geb' ich Gas!

So, wo sind die Typen, die eben noch so vorlaut waren? Alle zu Tisch, oder was? Lasst mal was von euch hören.

Moderationen zur Themenwelt „Fischkutter"

Ahoi Matrosen. Jetzt machen wir die Schotten dicht, der Lotse geht von Bord und wir stechen in See.

Der Steuermann meint, da zieht 'ne steife Brise auf. Haltet ihr das aus?

So ihr Landratten, dann wollen wir das Ruder mal rumreißen und euch zeigen, wie sich Windstärke 12 anfühlt.

Auf hoher See und im <Name des FG> seid ihr allein in meiner Hand.

Wisst ihr, mit wie vielen Knoten wir unterwegs sind? Das Mädel da vorne hat gerade 2 Knoten ins Haar bekommen. Und es werden gleich noch mehr!

Ahoi, Matrosen! Geht der erste schon über Bord oder seid ihr noch alle seetüchtig?

Macht alle mal den Mund weit auf, dann kriegen wir ordentlich Beifang ins Netz. Fliegenfischen!

Ups, jetzt habt ihr ein bisschen Schlagseite bekommen. Ich gleich' das sofort aus mit 'nem Kurs scharf Backbord. Gut festhalten an der Reling bitte.

Wer kotzt, schrubbt hinterher das Deck.

Jetzt werden wir nochmal Kiel holen. Haltet die Luft an!

Die See frischt ganz schön auf. Starker Wellengang heute.

Wir kehren zurück in den sicheren Hafen.

Verabschiedung: Alle Mann von Bord. Ich wünsch euch immer 'ne Handbreit Wasser unterm Kiel.

Moderationen zur Themenwelt „Automobil"

Alle angeschnallt? Sonst fliegt ihr gleich aus der Kurve.

Schluss mit der Probestunde, ihr Fahrschüler. Letzter Schulterblick und ab geht's auf die Autobahn.

So Leute, wir scheren aus auf die Überholspur!

Wisst ihr eigentlich, wer hier am Steuer sitzt? Ich war gestern erst bei der Nachprüfung. Schon zweimal durchgefallen.

Ich hab' Spaß, ich geb' Gas. Will schließlich nicht auf der Überholspur übernachten.

Wir drehen die Karre mal andersrum. Achtung, jetzt kommt ein One-Eighty. *180°-Drehung*

So ihr Rückbankanschnaller: Noch alles fit bei euch?

Moderationen zur Themenwelt „Formel 1"

Die Reifen sind vorgewärmt, das Kerosin getankt. Nehmt Platz in eurem Cockpit.

Die Wartezeit bis zum Start versüßen euch die Boxenluder da vorne an der Absperrung. - Ach, das sind eure Eltern? Da sieht man wieder, ohne Nebenjob geht's oft nicht.

Achtung, es gibt den fliegenden Start aus der Pole Position. Bitte gut festhalten!

Stopp in der Boxengasse. Einmal kurz die Visage... ähm, ich meine das Visier abwischen.

Knackgeräusche im Mikro: Step on the gas, speed up! Ihr habt's über den Boxenfunk gehört.... wir drücken aufs Pedal!

Wie geht's euch denn? Brauchen wir eine Safety-Car-Phase oder könnt ihr noch?

Moderationen zur Themenwelt „Weltraum"

Achtung, Mission Control startet den Countdown. Noch 5 Sekunden bis zum Take off.

Ihr geht ja ab wie eine Rakete. Genießt die Schwerelosigkeit.

So ihr Space Cowboys. Ab geht's im Space Taxi. Und bitte nicht wegfliegen.

Wisst ihr eigentlich, dass Ulf Merbold unseren <Name des FG> zum Astronautentraining benutzt hat? – Kleiner Scherz, hat er natürlich nicht, viel zu gefährlich. Er hat drüben das Kinderkarussel genommen.

Wir sind auf Kollisionskurs. Aufgepasst, Ausweichmanöver mit Schubumkehr!

Die nächste Zündstufe wird gestartet.

Bevor es zurückgeht auf die Erde, wird's nochmal richtig heiß. Bitte festhalten beim Wiedereintritt in die Erdatmosphäre!

Moderationen zur Themenwelt „Eisenbahn"

Fahrkartenkontrolle die Herrschaften! Da unten sehe ich viele Schwarzfahrer rumstehen. Ihr ärgert euch alle schwarz, weil ihr nicht mitfahrt. Hab' ich Recht?

Ich fahr' ja ungern mit der Bahn. Ich nehme lieber unseren <Name des FG>, der ist schneller, immer pünktlich und hält überall. Zum Beispiel da oben, wo ihr gerade seid. *Fahrgeschäft über Kopf drehen und halten.*

Meine Damen und Herren, in der ersten Klasse servieren wir Ihnen gern auch am Platz. Heute im Angebot: Hechtsuppe. Wohl bekommt's.

Verehrte Fahrgäste, leider ist die Klimaanlage in diesem Zugteil ausgefallen. Wir fahren daher heute ohne Kabine, bitte genießen Sie es.

Hier spricht der Zugchef. Zu Ihrer Information: Dieser Zug verkehrt gleich in umgekehrter Wagenreihung. Bitte halten Sie sich beim Wenden gut fest!

Am Ende der Fahrt: Thank you for travelling with Deutsche <Name des FG>. Have a nice day.

Moderationen zur Themenwelt „Motorrad"

So ihr Biker, aufsatteln auf den Feuerstuhl. Gleich cruisen wir gemütlich durch <Name der Stadt>.

Dann wollen wir die Asphaltfräse mal anlassen.

Sagte ich schon, dass ich heute Morgen extra für euch den Vergaser aufgebohrt habe? Nein? Dann bekommt ihr es jetzt zu spüren.

Mit Karacho Tempo auf den Tacho.

Was sagt eure Einspritzpumpe? Herzprobleme oder noch alles fit?

So ihr Schattenparker, noch alle fit da oben?

Jaja, das hier ist kein Mädchenmoped.

Und mit Schwung in die Kurve gelegt.

Die Rennleitung verkündet die Schlussrunde! Lasst uns nochmal richtig Gummi geben, damit die Reifen qualmen. *Start Nebelmaschine*

Moderationen zur Themenwelt „Alkohol"

Besser als jeder Schnaps! Hier bekommt ihr garantiert mehr Umdrehungen.

So, nochmal ein kräftiger Schluck aus der Pulle. Ja, das wärmt von innen, nicht wahr?

Wenn ich so in eure Gesichter schaue, scheint der Wein eher säuerlich zu schmecken.

Einen kleinen Absacker vertragt ihr noch, oder?

Auf einem Bein kann man nicht stehen, Leute. Ich geb' noch eine Runde aus für alle!

Aller guten Dinge sind drei. Ich schenk' euch mal kräftig einen ein.

Moderationen zur Themenwelt „Flugzeug"

Nehmen Sie Platz und lassen Sie sich ein laues Lüftchen um die Ohren wehen. Vielleicht haben Sie es schon gemerkt, wir fliegen heute ohne Kabine.

Verehrte Fluggäste, gern würden wir Ihnen einen Snack servieren. Aber die Stewardess ist mit dem Wägelchen leider umgekippt.

Aufgrund von Turbulenzen findet heute leider kein Bordverkauf statt.

Und es gibt die ersten Turbulenzen auf unserem Flug. Spucktüten finden Sie im Ausschnitt Ihres Sitznachbarn.

Wir durchfliegen gerade einige Luftlöcher. Bitte bleiben Sie angeschnallt sitzen und suchen Sie nicht die Bordtoilette auf.

Falls die Sauerstoffmasken runterfallen, bitte einmal kräftig einatmen. Ich hab für euch Lachgas reingefüllt.

Ladies and Gentleman, wir haben die Reiseflughöhe erreicht. Wenn Sie rechts oder links aus dem Fenster schauen, haben Sie einen traumhaften Blick auf <Name der Stadt>

Hier vergeht die Zeit wie im Flug. Nur dass euer Ticket 200 Euro günstiger ist als nach Malle.

Falls Sie notwassern müssen, dann bitte nicht auf Ihren Vordermann.

Moderationen zur Themenwelt „Pferderennen"

Der Rittmeister sattelt den schwarzen Hengst, und dann geht's gleich los.

Erstmal gemütlich lostraben, hoffentlich hat der Gaul auch genug Hafer bekommen heute Morgen.

Dann geben wir ihm mal die Sporen. Haltet die Zügel fest!

Die Buchmacher wetten übrigens schon, dass mein Pferdchen mindestens einen von euch abwirft. Gleich dürfte es soweit sein.

So reitet sich ein echter Heißblüter.

Legen wir dem Gaul mal die Scheuklappen an.

Ab geht's über Stock und Stein.

Brrrr. Pferdchen stopp. Na, das war ein Ritt, was?

Moderationen zur Themenwelt „Küche"

Kommt ran an den gedeckten Tisch. Es wird aufgefahren!

Als Vorgeschmack ein kleiner Aperitif. Geht auf's Haus.

Hach, welch traumhafter Anblick. Ihr seid wie tanzende Wassertropfen auf einer heißen Herdplatte.

Da wird ja der Hund in der Pfanne verrückt! Nicht, dass ihr anfangt zu bellen.

Jetzt serviere ich einen kleinen Gruß aus Küche. Haha, das wir ein Genuss … und zwar für mich!

Messer, Gabel, Schere, Licht dürfen kleine Kinder nicht. Drehung, Überschlag und freier Fall, da sind alle mit dabei!

5-Sterne-Köche kochen auch nur mit Wasser. Ich hingegen grille ja am liebsten - nämlich meine Fahrgäste, haha!

Jetzt flambieren wir die Chose mal.

Und zum Dessert gibt's für jeden von euch einen leckeren Windbeutel.

Wie geht's euch da oben? Hab ich euch schon zu Eischnee geschlagen?

Wollt ihr noch 'ne Runde? ... Ok, dann gibt's eine Extrawurst nur für euch. Gut abgehangen aus dem Räucherkeller. *Start Nebelmaschine*

So, ich hoffe es hat allen geschmeckt und niemand musste sich übergeben. Den Abwasch mach' ich nämlich nicht.

Moderationen zur Themenwelt „Kampfpilot"

Stillgestanden und hergehört: Unsere heutige Mission ist nichts für Weicheier. Ich hab euch gewarnt, und deshalb wird hinterher nicht gemeckert!

Ready for Take off. Ab geht's, wir fliegen an die Front.

Die Fallschirme befinden sich übrigens unter euren Sitzen. Ich mach' die Bügel mal auf, damit ihr rankommt.

Leute, gleich knallt's da oben. Wir durchbrechen die Schallmauer.

Muss schon jemand ins Sanitätszelt? Oder seid ihr noch einsatzfähig?

Einsatzbefehl für die ganze Kompanie: Wir kehren zur Basis zurück.

Moderationen zur Themenwelt „Militär"

Herzlich Willkommen bei Y-Reisen, unser heutiger Ausflug führt uns in unwegsames Gelände. Wenn's etwas schaukelt, bitte festhalten.

Kameraden: Im Laufschritt marsch!

Mensch Leute, habt ihr 'ne Ladehemmung? Das ist ja unter aller Kanone, ich will euch nochmal richtig hören!

Und jetzt ein waghalsiges Manöver: Wir wenden auf der Stelle!

Jetzt will ich mal etwas Marschgesang hören. Wie schreien die Kameraden da oben?

Moderationen zur Themenwelt „Sport"

So, wir beginnen mit Bodenturnen zum Aufwärmen. Eine Rolle vorwärts, das kennt ihr alle noch aus'm Kindergarten, oder?

Prima, und als nächstes kommt der Hürdenlauf. Bitte aufpassen und nicht stolpern!

Nächste Disziplin: Diskuswerfen. Und bevor ich's vergesse: ihr sitzt auf meiner Diskusscheibe!

Mehr als die Hälfte der Deutschen kann keinen Handstand. Ich geb' euch mal Nachhilfe. Zuerst leicht nach vorne beugen.... und dann auf den Kopf stellen. Kinderleicht! *Fahrgeschäft kopfüber wenden.*

Kurzer Medizincheck: Alles fit bei euch? Oder soll ich euch lieber beim Seniorenturnen anmelden?

Hier geht's härter zu als in jedem Fitnesscenter. Bei xx km/h bekommt jeder sein Fett weg.

Und zum Abschluss noch ein kurzer Sprint über 100 Meter. Ich will euch schwitzen sehen!

Moderationen zur Themenwelt „Schule"

Guten Morgen liebe Schüler. Jetzt beginnt der Physikunterricht. Wir nehmen durch: Die Gravitation – und wie man sie außer Kraft setzt.

Die Klasse ist heute ein bisschen laut. Ihr kreischt alle so! Dafür gibt's eine 1 mit Sternchen im Betragen.

Haltungsnote 5! Setzt euch mal gerade hin und rutscht nicht ständig im Sitz herum. Kann doch wohl nicht so schwer sein.

Im nächsten Versuchsaufbau beschäftigen wir uns mit der Beschleunigung. Die Gleichung lautet: Schnelligkeit verhält sich zum <Name des FG> wie Trägheit zum Kinderkarussel.

Im Dienste der Wissenschaft würde ich gern herausfinden, was eigentlich passiert, wenn ich diesen Regler hier ganz hochziehe.... Die Versuchskaninchen an Bord verhalten sich bitte ruhig.

Moderationen zur Themenwelt „Jahreszeiten"

Der Mai ist gekommen, der <Name des FG> schlägt aus. Drum halte sich fest, wer kann!

Frühling lässt den <Name des FG>, wieder flattern durch die Lüfte.

Ihr Kinderlein kommet, zur Ticketkasse kommet doch all.

Leise rieselt der Schnee …. stürmisch und wild bockt das Reh. Haltet euch fest im Sattel.

Uuuuund Achtung: Einmal werdet ihr noch wach, heißa das gibt Geschrei, das gibt Krach!

Driving home for christmas… aber Vorsicht, nicht in's Schleudern kommen!

Heute Kinder wird's was geben, ich lass' euch noch eine Runde durchdrehen!

Alle Jahre wieder, kehrt der <Name des FG> auf die Erde nieder. Auch die schönste Fahrt geht mal vorbei.

Moderationen zur Themenwelt „Gute Besserung"

Niedriger Blutdruck? Da gibt's doch was von <Name des FG>. Jetzt rezeptfrei vorne am Kassenhäuschen erhältlich.

Einsteigen und die Abwehrkräfte stärken. Nur der <Name des FG> hat rechts- UND linksdrehende Kulturen an Bord!

Jetzt einsteigen und anmelden zur Sauerstoffbehandlung mit Doc <Name des Fahrgeschäfts>. Der Jungbrunnen auch für über 30-jährige.

Der <Name des FG> schlägt so auf euren Kreislauf, den dürfen wir eigentlich nur rezeptpflichtig verkaufen.

Wir starten mit der Nasenspülung und pusten euch den Schnodder aus der Nase. Das Publikum unten setzt bitte die Kapuzen auf.

Bitte alle mal weit den Mund aufmachen… und dann will ich eure Stimmen hören. …. Ja, so ist's gut, das befreit die Atemwege.

So, ich horch mal eure Brust ab. Ui ui ui.... Das pocht ganz schön durchs Stethoskop. Legen wir erstmal 'ne langsamere Runde ein.

Ihr habt's wohl an den Bronchien, man hört euch nicht. Einmal den Schleim abhusten und dann bitte nochmal kräftig schreien!

Damit ihr auch morgen noch kraftvoll mitschreien könnt, verordne ich eine Runde zusätzlich auf Rezept.

Wer hier wieder rauskommt, der ist wirklich auf Herz und Nieren geprüft. Alle Kalkablagerungen in den Adern rausgewaschen. Die nächste Vorsorge beim Arzt könnt ihr euch sparen.

Zum umstehenden Publikum: Zu Risiken und Nebenwirkungen achten Sie auf den Gesichtsausdruck der vorherigen Fahrgäste oder fragen Sie Ihren Arzt oder Apotheker.

Moderationen zur Themenwelt „Waschsalon"

Dann wollen wir die Waschtrommel mal beladen. Einsteigen bitte.

Wir starten mit der Vorwäsche für die Pflegeleichten unter euch.

Buntwäsche soll ja eigentlich bloß 60 Grad bekommen. Ich geb' euch mal 180 Grad. Bin gespannt, ob sich was verfärbt... eure Gesichter zum Beispiel.

Das Programm für die Kochwäsche startet. Gleich wird euch schön heiß um die Ohren.

Der Knopf für den Schongang ist heute leider kaputt. Es gibt nur den Schleudergang, haha!

Es geht mit Tempo in den Trockner. Und kommt mir hinterher nicht so zerknittert raus!

Sprüche für jede Situation

Unser <Name des Fahrgeschäfts> ist das A und O in <Name der Stadt>. Ihr werdet es selbst schreien, wenn ihr hier einsteigt.

Dann klettern wir die Leiter mal eine Stufe höher.

Hier ist euer Endgegener auf dem <Name des VF> - der <Name des FG>. xx Tonnen Stahl, xx hoch, xx schnell.

Wollt ihr mal einen Zaubertrick sehen? Ich schüttel' mal was aus dem Ärmel... nämlich eure Armbanduhren! Jetzt heißt es festhalten oder die Uhren fliegen weg.

Wer kein Auge auf seine hübsche Nachbarin werfen will, schließt jetzt bitte sicherheitshalber die Augenlider. Sonst zieht es euch das Weiße aus den Pupillen!

Und jetzt nochmal im freien Fall. Das bringt neuen Schwung bis in die Haarspitzen. Dermatologisch getestet.

Kennt ihr den Unterschied zwischen euch und einer Möwe? Es gibt keinen, die Möwen kreischen genauso schrill wie ihr.

Unser <Name des FG> ist übrigens staatlich anerkannter Luftkurort. Ideal für alle, die sich eine steife Brise um die Ohren wehen lassen wollen.

Meine Oma sagte immer, sie ist kein D-Zug. Dann hab ich sie einmal hier mitfliegen lassen und seitdem hält sie sich für 'nen Eurofighter.

Rekommandeur singend: Flieg nicht so hoch mein kleiner Freund. (...) Denn wer zu hoch hinaus will, der ist in Gefahr.

Tja liebe Leute, wer hoch hinaus will, kann auch tief fallen. Das habt ihr euch also selbst eingebrockt.

So, dann machen wir mal die Fliege.

Wer denkt, er ist hier im falschen Film. Richtig! Ich zeige euch jetzt mal eine Szene aus ... *beliebigen Horrorfilm nennen. Zum Beispiel Saw, Scream, Friedhof der Kuscheltiere, Stirb langsam 7*

Flausen im Kopf? Einfach mitfahren, unsere angenehme Kopfmassage genießen und frisch geföhnt wieder aussteigen

Jetzt machen wir mal die Mücke. Erst leise anfliegen und dann schnell den Stachel reinpiksen.

Ihr seid gerade mit xx km/h unterwegs. Das kann ich mit Flug und Recht behaupten.

Jetzt hänge ich euch mal an die große Glocke, Freunde.

Habt ihr Haare auf den Zähnen? Kann vielleicht daran liegen, dass euer Vordermann gerade alle verloren hat. Also: Mund zu!

Wollt ihr noch 'ne Zugabe? ... Na, man hört ja gar nichts. Da kräht wohl kein Hahn danach.

Also Leute, keine Angst ich mach ja nur Spaß. Hier kann euch nichts passieren. Unser Fahrgeschäft hat wirklich Hand und Fuß.... dem TÜV-Prüfer abgerissen.

Jetzt geht's Hals über Kopf in den Looping.

Wetten, dass ich euch im Handumdrehen zum Schreien bringen kann? Ich muss mit der Hand nur dieses Knöpfchen drehen.

Wer fliegt so spät durch Nacht und Wind? Es ist der <Name des FG> so geschwind!

„Schneller!", schreit der Eberhard, weil er unseren <Name des FG> so mag.

Falls ihr euch von mir ein bisschen verschaukelt vorkommt… das ist volle Absicht!

Na, fühlt sich das an wie im siebten Himmel? Ja, schön, nee? Aber jetzt fliegt ihr einen Himmel höher, in den achten – und dort wohnt der Teufel.

Ich hab noch zum Chef gesagt, wollen wir wirklich den <Name des FG> in <Name der Stadt> aufbauen? Das ist ja wie mit Kanonen auf Spatzen zu schießen.... Aber mein Chef meint, ihr <Name der Stadt>er seit unersättlich – und er hat Recht.

Ups, das war wohl etwas zu heftig, oder? Ich nehm's auf meine Kappe.... eure sind ja schon weggeflogen.

Hoch und runter, so werdet ihr munter!

Ihr müsst wissen, ich wurde als Kind zu heiß gebadet. Deshalb geht mein Temperament manchmal mit mir durch.

Jetzt wollen wir mal die Wogen etwas glätten. *Fahrt verlangsamen*

Ihr wollt Drehung, Geschwindigkeit und Höhe? Das sind ja gleich 3 Dinge auf einmal. Zum Glück hat euch Mutti den <Name des FG> mitgebracht.

Da seid ihr von den Socken, oder hat es euch die schon ausgezogen?

Und jetzt drehen wir den Spieß mal um. Ihr sollt ja von allen Seiten schön knusprig werden

Zieht euch warm an. Es geht nochmal höher und nochmal schneller.

Jetzt wollen wir die Anlage mal auf Vordermann bringen. Aber Achtung, bitte nicht auf ihn kotzen! Denn jetzt geht's richtig ab hier.

Hoppe, Hoppe Reiter, unser Ritt geht weiter.

Übrigens ist der <Name des FG> xx km/h schnell. Habt ihr davon schon Wind bekommen? Nein?? Dann passt mal auf, was euch jetzt um die Ohren weht!

Jetzt legen wir mal einen Zahn zu.... Alle Leute mit Goldkrone bitte den Mund geschlossen halten. Wir wollen ja nicht, dass euch die Wertsachen wegfliegen.

Wenn ihr morgen blau machen wollt, empfehle ich euch drei Fahrten hintereinander. Mit mehr Spaß lässt sich Übelkeit nicht herbeiführen.

Alle Vögel sind schon da, wenn man eurem Gezwitscher glauben darf.

Alles ist relativ. Und bei uns im <Name des FG> ist alles relativ schnell.

Wer zu spät kommt, den bestraft das Leben. Also gebe ich euch lieber nochmal n bisschen Tempo.

Hals über Kopf und sehenden Auges rein ins Verderben.

Alles neu macht der Mai. Oder euer <Name des Rekommandeurs>. Ich mache euch jetzt mal 'ne neue Frisur.

Euch kann ich's ja erzählen: Neulich hat sich mal 'n Bügel geöffnet. Der Typ ist aus allen Wolken gefallen!

Beim ersten Mal, da tut's noch weh. Beim zweiten Mal schreit ihr Olé!

Der <Name des FG> schlägt zurück.

Disneyland ist das Land, wo Milch und Honig fließen. Hier im <Name des FG> fließt der pure Angstschweiß!

Die Axt im Haus spart den Zimmermann. Und das Karussell in der Stadt spart euch den Frisör.

Tja, das habt ihr nun von eurem Geschrei. Die Geister, die ihr rieft haben die Kontrolle übernommen. Ich garantiere für nichts mehr!

Das war der erste Streich, und der zweite folgt sogleich.

Durch Deutschland muss ein Ruck gehen!

Ein Käfig voller Narren. Und wie sie alle schreien!

Ein kleiner Schalterhebel für mich, ein großer Rrrrumms für euch da oben!

Ein Unglück kommt selten allein.

Was für Stiere das rote Tuch ist, sind für mich blinkende Fahrgastgondeln. Immer schön draufhalten!

Er läuft und läuft und läuft…

Freie Fahrt für freie Bürger!

Schlafende Hunde soll man ja nicht wecken. Aber ich glaube, bei euch ist es mal angebracht.

Halt, mein Freund! Wer wird denn gleich in die Luft gehen?

Das Fitnessstudio könnt ihr euch diese Woche sparen. Ihr bewegt gerade xx Tonnen Stahl!

Wer sagt denn, die Lage wäre aussichtslos? Genießt die schöne Aussicht von dort oben .... und das Lächeln nicht vergessen!

Ich kam, sah und fliegte.

Fühlt euch wie Baron Münchhausen auf seiner Kanonenkugel.

So fühlt sich der siebte Himmel an. Da bekommt ihr 'nen ziemlich steifen... Wind um die Ohren!

Das Leben nimmt manchmal unvorhersehbare Wendungen. Jetzt zum Beispiel um 180 Grad.

Wollt ihr euch die Currywurst nochmal durch den Kopf gehen lassen?

So ihr Schlümpfe, schon alle blau angelaufen im Gesicht?

Wenn ich das überschlagsmäßig mal durchrechne, macht ihr gerade eine 360 Grad Drehung.

An unsere Fahrgäste mit Segelohren: Jetzt bitte besonders gut festhalten und nicht wegfliegen!

Neulich hab ich übrigens den Mann getroffen, der den <Name des FG> erfunden hat. Mich schaudert es heute noch! *Frankenstein / Hannibal Lecter / ein Zombie* ist nichts dagegen.

Ich dreh' euch nochmal hoch. Man gönnt sich ja sonst nichts.

Jetzt wird wieder in die Hände gespuckt. ... denn Kotztüten haben wir leider nicht an Bord.

Das war ja nur ein kleiner Sturm im Wasserglas. Jetzt kommt der Orkan.... und nach euch die Sintflut!

Wie ich mir die Nullachtfünfzehn merke? Null Ahnung von 8 Schaltern vor mir, und fünfzehn verängstigte Fahrgäste! Haha, so macht mir der Job Spaß.

Jetzt nehme ich euch mal in die Mangel. Schön auf 180 Grad durchbügeln.

Halb flog ich euch, halb sankt ihr hin.

Bei DSDS würdet ihr mit diesem Kreischgesang rausfliegen. Aber das sollte da oben besser nicht passieren.

Ich stopfe mir noch etwas Rothhändle in die Pfeife... bitte nicht wundern, wenn's gleich etwas rauchig wird. *Start Nebelmaschine*

Über den Wolken.... muss das Geschrei wohl grenzenlos sein, wenn man euch so hört.

<Name des FG> macht Kinder froh, und den angeschwipsten Fahrdienstleiter ebenso.

Vom Winde verweht, vom <Name des FG> gedreht.

Und alle Vögel fliegen hooooch!

Wenn einer eine Reise tut, kann er was erzählen. Sofern euch nicht die Spucke wegbleibt, hier im <Name des FG>

Sie machen ja schöne Fotos da vorne. Brauchen Sie noch mehr Blitz? Ich helfe mal kurz aus .... *Start Stroboskopeffekt.*

Ich sag euch, da fließt noch viel Wasser die/den <regionaler Fluss> hinab, bis ich euch hier wieder rauslasse.

Jetzt schießen wir euch mal nach oben wie einen heißen Geysir.

Und es geht fröhlich weiter auf unserer Kaffeefahrt. Wenn es zu sehr zieht, holt euch bei mir eine günstige Heizdecke ab.

Jetzt fliegen wir mal ins Auge des Orkans. Ins Auge des Bösen!

Geeignet für Tower-Fahrgeschäfte: Jetzt macht ihr einen auf Zugvögel: Ab geht's nach Süden!

Geeignet für Tower-Fahrgeschäfte: Ja Leute, so fühlt es sich an, wenn man am Abgrund steht. Noch ein Schritt vorwärts…. ups, schon ist es passiert.

Und jetzt proben wir mal das Hau-Ruck-Verfahren.

Der <Name des FG> wird übrigens rein ökologisch angetrieben. Könnt ihr euch später gern mal anschauen – da drüben im Mäusezirkus. 300 weiße Mäuse und 300 Hamsterräder! …. Kleiner Scherz.

Ich hab heute eine etwas zittrige Hand. Garantieren kann ich für nichts.

Rubbel die Katz, aber nicht zu feste, sonst beißt sie zu.

Habt ihr Whiskas gefrühstückt? Ihr geht ja ab wie Schmidts Katze.

Ich hab den Eindruck, wir drehen uns hier im Kreis.

Wie heißt es so schön: Angst verleiht Flügel. Also legen wir noch 'nen Zacken zu.

Finger weg von der Herdplatte. Jetzt heiz' ich euch nochmal richtig ein.

Ich glaub, wir müssen dem Fisch nochmal Butter geben.

Dann wollen wir den Backofen mal einheizen. Ich sag nur: 180 Grad Umluft!

So ihr Beckenrand-Schwimmer, dann kommt mal mit nach ganz oben aufs 20-Meter-Brett.

Mannomann, ihr seht ja alle ganz blass aus. Dann werde ich euch mal schön eincremen, damit ihr ein bisschen Farbe im Gesicht bekommt.

Leute, wer hier nachher rumkotzt, fegt zur Strafe die Nieten vor der Losbude zusammen.

Die Kanzlerin fährt einen Neuwagen für 100.000 Tacken. Unser <Name des FG> kostet xx Millionen und hat nicht mal Sitzheizung. Aber dafür eine tolle Massagefunktion.... Haha, werdet ihr gleich erleben!

Dann schalten wir den Fön mal eine Stufe höher.

Also das Schwein schreit wie am Spaß, aber es ist noch nicht ganz durch. Ich werde euch noch etwas grillen müssen.

Auf dem ganzen Gelände gilt ja eigentlich Schritttempo ... Deshalb behaltet bitte für euch, was wir hier machen. Ich sag nur: xx km/h fährt das Ding!

Hoffentlich kontrolliert heute Abend niemand den Fahrtenschreiber ... ich fahr die Maschine hier echt am Limit.

Und die Wettervorhersage: In <Name der Stadt> überwiegend freundlich teils mit kräftigen Schauern, die euch den Rücken runterlaufen.

Leute, zieht die langen Wollunterhosen von Oma an: Wir drehen die Karre auf!

Das ist nichts für Bausparer hier.

Noch jemand etwas Sprühsahne zum Kaffee? *Start Nebelmaschine*

Heute Nachmittag war übrigens der TÜV hier. Hab die Prüfer erstmal 5 Runden am Stück mitfahren lassen.... die Unterschrift unterm Prüfbericht war danach zwar etwas krakelig, aber ich hab den Wisch bekommen. Euch kann also nichts passieren!

Mannomann, ihr schreit mich ja an, als wäre ich *Justin Bieber / Austin Mahone / sonstiger Star*. Dabei sehe ich doch viel besser aus als der!

Ein Amerikaner hat mal 74 Achterbahnen in 24 Stunden gefahren – Weltrekord. Ich sag euch: Der hätte mal hier nach <Ort> kommen sollen, den hätte ich nach 2 Runden fix und fertig gemacht. So, stattdessen seid ihr dran!

Die schnellste Toilette der Welt hat ein Italiener gebaut. Die fährt 68 km/h. Hier im <Name des FG> seid ihr xx km/h schnell, aber macht euch bitte nicht in die Hose! Aufwischen muss jeder selbst.

41,6 km/h ist die schnellste Durchschnittsgeschwindigkeit bei der Tour de France. Hat Lance Armstrong gefahren. Hier im <Name des FG> bekommt ihr xx km/h ... und seid nicht mal gedopt dabei!

Immer wieder vor und zurück, so schaukel' ich euch ins Glück.

Mein Ferrari fährt 210, und jetzt will ich eure Hände seh'n!

Meine Oma hat immer gesagt, nur im Schleudergang wird es wirklich sauber. Na, dann wollen wir euren Klamotten mal was Gutes tun.

So, jetzt heben wir das Monster mal an. Aber Vorsicht, es ist kitzelig. Eine falsche Bewegung und es schüttelt euch durch.

Und hinterher bitte nicht beschweren. Wir fahren hier nicht Bobbycar. Obwohl hier schon mancher so wehleidig wie ein Kind wieder ausgestiegen ist.

Selbst in misslichen Lagen bitte immer dran denken: Mit einem Lächeln ist alles leichter zu ertragen.

Jetzt drehen wir den Hahn mal auf. Ach was sag ich: jetzt fluten wir den Stausee. Aufgepasst!

Schreien hilft immer. Bloß nicht, wenn ich am Steuer sitze. Hrhrhr!

Das bläst euch das Rohr frei - besser als jeder Abflussreiniger.

Ihr habt den vollen Preis bezahlt, also beschwert euch nicht über das volle Programm! Festhalten, bitte.

So, das war zum Einstieg das kleine Sparmenü. Und jetzt kommt das Happy Meal.

Ihr braucht kein Red Bull, hier bekommt jeder von allein Flügel!

Jetzt werden den Mädels Zöpfe geflochten.

Hier werden die Muttis frisiert.

Das ist konstruierter Wahnsinn aus xx Tonnen Stahl.

Lieber noch ein bisschen Nebel dazu, dann müsst ihr euer eigenes Elend nicht mit ansehen. *Start Nebelmaschine*

Euer Geschrei ist Musik in meinen Ohren! Könnt ihr mal Wagners Ritt der Walküren anstimmen? Das würde jetzt ganz gut passen.

Jetzt wird's schon gemütlicher, was?

Das hier ist kein Kinderkarussel.

Wer hier nicht lächelnd rauskommt, den schicke ich nach nebenan aufs Kinderkarussel.
Ich lebe ja nach dem Prinzip Hoffnung: Hoffentlich fällt euch mal ein Portemonnaie aus der Tasche.

Rekommandeur singend: Probier's mal mit Geschwindigkeit. Mit Drehen und Geschwindigkeit!

Nach jedem Bergauf kommt auch ein Bergab.

Wisst ihr eigentlich, wo der <Name des FG> gebaut wurde? In Holland. Wir mussten dabei höllisch aufpassen, dass es kein klappriger Wohnwagen wird!

Wisst ihr eigentlich, wo der <Name des FG> gebaut wurde? In Italien. Und so wie die Auto fahren, hat vermutlich jeder Italiener seinen Führerschein hier auf dem <Name des VF> gemacht.

Wisst ihr eigentlich, dass der <Name des FG> ursprünglich nur mit einer einzigen Abwärtsbewegung gebaut wurde? Die Ingenieure kommen nämlich aus Bremen, und wegen Werder Bremen kennen die dort nur eine Richtung: nach unten!

Kleiner Perspektivwechsel gefällig? Dann guckt euch mal die Radieschen von unten an. Wir drehen das Ding auf links.

Sprüche für letzte Runden

Die Mädels an Bord sehen nach meinem Geschmack noch alle viel zu hübsch aus. Komm, eine Runde gebe ich euch noch!

Unsere Fahrt geht in die letzte Runde. Aufgepasst die Damen, jetzt werdet ihr abgeschminkt.

Ich frag mal nach oben: Könnt ihr noch?

Versprecht ihr mir, dass beim Aussteigen niemand torkelt?

Okay, wer beim Aussteigen torkelt, kauft sich zur Strafe gleich ein neues Ticket und stellt sich wieder an.

Ihr könnt den Hals wohl nicht vollkriegen. Lasst mal hören, was in euren Hälsen drinsteckt.

Ihr seht ganz schön durchgenudelt aus. Wischt euch mal die Tomatensoße aus dem Mundwinkel. Sonst komm ich gleich mit Spucke und 'nem Taschentuch rum und erledige das.

Altes raus, neues rein - so soll es sein.

Dann ziehen wir euch mal die letzten Falten aus dem Gesicht.

„Noch 'ne Runde", wünscht sich Lars, denn er liebt den Rummelspaß.

Eine Runde müsst ihr noch. Denn ohne Fleiß kein Preis. Und ohne Überschlag kein schöner Tag!

Reisende soll man nicht aufhalten. Wollt ihr noch 'ne Runde?

Und die Moral von der Geschicht': Diese Fahrt vergesst ihr nicht.

So, alle Mann aussteigen. Aber den Zündschlüssel bitte stecken lassen, die nächsten wollen gleich weiterfahren.

So Leute, der Drops ist gelutscht.... und bitte nicht wieder ausspucken, wenn ihr aussteigt.

Na, das lief doch super! Mit Hängen und Würgen die Fahrt gemeistert.

Ja ist denn heut schon Weihnachten? Ihr bekommt nämlich ein Geschenk von mir: Eine Runde on top!

Ende der Dienstfahrt. Günstig volltanken könnt ihr übrigens drüben an der Bierbude.

Achtung, wir müssen den Landeanflug abbrechen und durchstarten. Eine weitere Runde für euch!

Ihr habt den Kampf gewonnen! Das Biest ist besiegt.

Jetzt reicht's aber, sonst kann ich morgen Hartz 4 beantragen.

Manchmal laber ich ja so viel, dass ich ganz vergesse, den <Name des FG> wieder zu landen.

So, wir holen die Angel wieder rein.

Die Erde hat euch wieder! Aber bitte nicht kotzen beim Rausgehen, das hat die Erde nicht so gern.

Kostenloses Zusatzmaterial mit weiteren Sprüchen und vielen Ideen für mehr Kirmesvergnügen finden Sie auf der Website zum Buch.

www.kirmessprueche.de

Denn eines ist sicher:
Einer geht noch!